마음이 어느새 달려갑니다

_____ 님께

_____ 드림

이 도서의 국립중앙도서관 출판시도서목록(CIP)은 e-CIP 홈페이지
(http://www.nl.go.kr/ecip)에서 이용하실 수 있습니다.
(CIP 제어번호 : CIP2011005079)

마음이 어느새 달려갑니다

2011년 11월 24일 초판 1쇄 인쇄
2011년 12월 1일 초판 1쇄 발행

지은이 | 이순행
펴낸이 | 孫貞順
펴낸곳 | 도서출판 모아드림
　　　　서울 서대문구 북아현3동 1-1278 (우-120-866)
　　　　전화 | 365-8111~2   팩스 | 365-8110
　　　　이메일 | morebook@morebook.co.kr
　　　　홈페이지 | www.morebook.co.kr
　　　　등록번호 | 제2-2264호(1996.10.24)

편집 | 손희 김하나

디자인 | 에픽
영업 | 손원대
관리 | 이용승

ⓒ이순행
ISBN 978-89-5664-151-5 (03810)

* 잘못된 책은 구입하신 서점에서 바꾸어 드립니다.
* 지은이와 협의하에 인지를 붙이지 않습니다.

값 18,000원

마음이 어느새 달려갑니다

시 이순행 · 사진 방홍석

모아드림

더 많이 사랑한다는 것

더 많이 사랑한다는 것이
부끄러움이 아닐텐데도
내가 더 사랑할까봐
조금씩만 마음을 열어보이려 합니다

더 많이 사랑한다는 것이
손해 보는 일이 아닐텐데도
내가 더 주게 될까봐
조금씩만 주려고 애를 써봅니다

더 많이 사랑한다는 것이,
더 많이 좋아한다는 것이,
더 많이 부자가 된다는 걸
분명히 알면서도
더 많이 사랑하면
그만큼 비워낼까봐
늘 가슴 졸이며 살아가게 됩니다

사랑한다는 것에는

[작가의 말]

그 이름 하나에
왜 그리도 많은 의미가 담겨 있었는지…

한 사람을
만나고…
사랑하고…
함께 나누는 일들이
얼마나 소중한 축복인가를
새삼 생각하게 됩니다.

하늘이 맺어준 인연이었기에
가슴 시리도록 그리워했고
벅찬 감동도 느끼면서
그 흔적들을 끄적거렸습니다.

그리고 이제!
그 흔적들을 꺼내어 세상에 내놓습니다.

2011년 11월
이순행

[차 례]

더 많이 사랑한다는 것
작가의 말

1부 _ 사랑한다는 것은

시 012
다짐 014
설레임 016
믿지 않은 나 018
선물 020
새로운 설레임 022
이유 024
감염 026
사진 속의 너 030
너는 땅이면 좋겠다 032
어쩌지 못해 034
때문에 036
나의 사계절 038
사랑해 040
사랑 042
당신의 색깔 044
아직 어린 탓일까? 046
기다림 048
잊힐까 하여 050
사랑한다는 이유로 052

작전타임 054
사랑에 관한 056
당신 모습에서 058
나의 사람 060
詩 064
실제 사랑 066
늘 그리운 까닭 068
당신을 위해 070
당신이 오심은 072
손 끝 하나가 074
사랑한다는 것은 076
그리움 078
당신을 만난 이후 080
끝이 없는 그리움 082
너를 만나기 전 084
이제 086
무서운 사랑 088
코트 주머니 090
열병 092
왜 이리도 다른지 094
당신의 얘기는 096

2부 _ 그대에게 가는 까닭

마음의 지배자 100
고독한 작업 102
혼자 하는 사랑은 104
왜 몰랐을까요 106
사랑이란 108
사랑은 110
내겐 없는 까닭 112
두려워 114
당신이 준 선물 116
새로운 발견 118
한 사람 120
사랑하는 이는 122
너는 124
고백 126
사랑 앞에선 128
잠든 당신을 보며 130
산다는 것은 132
마음이란 134
당신과 함께일 때 136
Vision 138
사랑합니다 140

잊을까 하여 142
이런 사람과 결혼하라 144
당신을 느끼고자 146
당신의 초대 148
홀로 차를 마시다 150
당신과 나 152
누구십니까? 154
가을에는 156
편지 158
당신은 160
전화 162
당신의 방문 164
그리움 166
사십줄에 서서 168
가을비 170
중독 172
그대에게 가는 까닭 174
기대 176
꿈 속에서 178
나의 심장은 180
나의 하루 182

3부 _ 지금, 사랑하고 있습니다

난, 왜? 186
낯선 거리에서 188
누구십니까? 190
늘 그리운 사람 192
다시 시작하는 사랑 194
당신 앞에서 196
당신과 함께 하는 시간 198
당신도 나처럼 200
당신은 202
당신이 있어 204
당신은 참 멋있답니다 206
좋아하기에 208
당신을 찾고 있습니다 210
당신의 방문 214
당신의 손길 216
무엇을 해도 218
바로 당신입니다 220
부부나무(연리지) 222
사람으로 향하여 224
사람을 좋아한다는 것은 226
사랑 228

살면서 230
새로운 사랑 232
선물 234
소나기 236
알고 싶습니다 238
어쩌면 당신은 240
어찌해야 하나요? 242
에너지 244
나의 에너지 246
여행 248
왜? 250
이유는 252
저를 좋아하신다구요? 254
전 잘 모르겠습니다 256
정말 고마워요, 날 사랑해줘서… 258
지금, 사랑하고 있습니다 260
초대하지 않은 방문 262
추억은 264
편지(e-mail) 266
혼자 하는 사랑 268
여행 270

1부

사랑한다는 것은

시

당신이

들려주는

밥 먹는 얘기도

내겐

시가 되어

자꾸만

자꾸만

되뇌입니다.

세계불꽃축제

다짐

자꾸 자꾸
내 삶의 자리로
들어와 앉아있는 네가
그리 밉지 않다

오히려
떠오를 때면
설레임이 있어 좋다.

늘
널 생각하면
슬픔과 함께였지만
그러지 않기로 하자
그건 나의 욕심 때문이리라

그저
바라볼 수만 있어도
좋은 이로
남기로 하자

설레임

그 분은 나에겐
엄청난 비밀입니다

미소 하나에,
손끝 움직임 하나에
모든 에너지가 쓰여 집니다

무슨 생각을,
어떤 행동을,
느끼고자 함을,
행하려 하는 것을
알아내려 애쓰니까요

어쩌면
저절로
되어져야 하는 것들을
너무 애쓰고 있는 까닭에

스스로
힘겨워지고
엄청난 산맥처럼 느껴지고 있는 지도
모르겠습니다

힘겹습니다

대포앞바다

밉지 않은 나

쏴아
밀려오는
바다를 바라보며
가슴이 저며 오는
내가 밉지 않다.
그 안엔
저리도록 아프게 그리워하는
여린 마음이 담겨 있으니까

모래알
사이사이로
굴러드는 멜로디에
마구 달리고픈
내가 밉지 않다.
거기엔
막연한 그리움을 참아야 하는
약한 마음이 숨겨져 있으니까

뉘엇

바다와

이별을 나누는 노을을

아쉬워하는

내가 밉지 않다.

그 때.

부르고픈 이름을 잊으려 애쓰는

슬픈 마음이 숨겨져 있으니까

안면도

선물

드릴 것을 찾습니다.
찾다가 가진 것이 노래여서
고이고이 접어두고픈
노래를
한 개 두 개 담아봅니다
전하고자 하는 만큼
기쁘게 받으실까 하는
두려움이 앞서지만
푸근한 미소 한 번이면 족해
떨리는 마음으로
조용히 조용히 바늘을 올려놓습니다

산수국

새로운 설레임

새로운 설레임이
가슴을 파고든다

미소 하나에도,
스치는 말 한마디에도,
움직이는 손 끝 하나에도
의미를 두고 싶다

같은 공간에서
호흡할 수 있음이
가슴을 벅차게 하고
만닐 날을 기약함이
희망의 빛으로
걸음을 가볍게 한다

우포늪

이유

내가
널
자꾸 찾는 이유를
넌 알까?

나도
몰라

자꾸만 더 보고 싶어지니

네가
그
이유를
가르쳐 주면
좋겠다.

상림 연잎

감염

당신을
만날수록
점점 더 깊숙이
빠져 들어갑니다.

당신의
미소에
모습에
향기에…

그럴수록
더욱
초라해지는 내 자신을
일으켜 세울 수가 없습니다.

당신이
유일하게
저를
세울 수 있으신데요.

깊은산속옹달샘

올림픽공원 산부추꽃

사진 속의 너

사진 속의 널
자꾸 훔쳐본다
웃고 있는 모습이
슬퍼보인다
같이하고 싶지만
내 가슴이 너무 좁다

어디 먼 여행을 떠나
마음을 씻고 오면 어떨까?
하늘
물
그리고
바람…
그러면 네 얼굴에서
환한 미소를 볼 수 있을까?

훌훌 털고
짙은 가을을 보내버리자

그리고 오는 겨울을

마음으로 맞아

훈훈하게 살아보는 거다

원주 허브팜

너는 땅이면 좋겠다

너는
땅이면 좋겠다.

밟고
밟을수록
단단해져
집을 짓게 해주고

파고
헤칠수록
깊어져
나를 묻을 수 있고

그래서

내 모든 것
쉴 수 있는

너는
땅이면 좋겠다.

올림픽공원

어쩌지 못해

당신께로 향한
사랑을
어쩌지 못해
가슴으로
넘쳐흘러
끝없는
웃음이 됩니다.

당신께로 열린
사랑을
어쩌지 못해
악보가 없어도
넘실대는
노래가 됩니다.

해바라기

때문에

당신을 향한
기대가
너무나 커서
스스로를 감당할 수 없을까봐

당신을 향한
기대와
사랑하는
당신을
바꾸게 될까봐

그리고
당신을 향한
기대가
당신의 참모습을
가리게 될까봐

하루에도
몇 번씩
마음을
비워냅니다.

두물머리

나의 사계절

겨울!
혼자만의 고독을
한껏 느끼며
하얀 눈에 위로를 받으며
봄을 기다렸습니다.

봄!
얼음이 녹듯
따스한 기운으로
당신을 발견하고서
내 삶엔
파아란 새순이 돋아났습니다.

여름!
작열하는 태양처럼
당신과 함께
무엇이든 태우려 했습니다.
소낙비와 같은
열정으로

가을!
하나 둘 떨어지는 낙엽 속에서
당신과의 시간이
아픔도 있었음을
확인합니다.

그러나
겨울을 두려워하지
않는 것은
혼자가 아니기 때문입니다.

올림픽공원

사랑해

열번

말이

무슨 소용입니까?

한 번

따뜻한 가슴이

필요한 것을

늘상

목말라하여

기어코

들어야만

해갈이 되는

한 마디

"사랑해"

두물머리

사랑

잠재워진 가슴을
반짝
눈뜨게 하는 것!

내 가진 작은 마음
화알짝
넓게 하는 것!

내게 있는 것은
모두
주고 싶은 것!

벅찬 감동으로
강하게
살게 하는 힘!

나이아가라폭포

당신의 색깔

특별한
색깔을 가진
당신을 보면
살고 싶어집니다.

남들은
지니고 있지 않은
봄 같은 색깔

결코
자극적이지 않고
눈에 띄지 않지만

조용히
스며드는 봄 기운처럼
pastel tone으로
세상을 밝혀주는
당신을 보면
마구마구
살고 싶어집니다.

아직 어린 탓일까?

아직
어린 탓일까?
널 기다리는 일은
잠시여도
힘들어

누가 같이 있어도
달콤한 얘기를 해도
신나는 놀이를 해도
맛있는걸 먹어도
멋진 음악을 들어도

네가 없이
하는 일들은
모두 다
너무 힘들어

아직
어린 탓일까?

한강

기다림

네
생각만 했어
할 이야기를
남겨 놓은 사람처럼

책을 보면서
coffee를 마시면서
낙서를 하면서
전화를 받으면서

얼마나
기다렸는지
bell이 울릴 때마다
가슴이
마구마구
뛰었어

우포늪

잊힐까 하여

홀로
누운 밤
그리운 얼굴 있어
잠이 오질 않아요.

그냥
눈감고 자면
잊힐까 하여

두 눈
꼭 감으면
더 큰 그리움 되어
가슴에 찾아와요.

임실국사봉

사랑한다는 이유로

사랑한다는 이유로
너의 날개를 꺾어
곁에 꼬옥 두고 싶었다.
아무에게도
날아가지 못하도록

사랑한다는 이유로
너의 다리를 부러뜨려
곁에 꼬옥 두고 싶었다.
아무에게도
가지 못하도록

어느 날
피를 흘리고
너무 아파
아무 말도
못하고 있는
너의 가슴에서

슬픔을 발견하고는
사랑한다는 이유로
너를 파괴하고 있는 나를
타이르기로 했다.

진정한 사랑을 위하여…

하늘공원

작전타임

휘익
호각을 불어
잠깐
너에게로 달리는
나를 멈추려했지

그런데
왠걸
작전타임이
더 어렵다는 것을
처음 알았어

시간은
왜 이리도 긴지…

제주

사랑에 관한

늘
회색 빛을 연상했습니다.
사랑에 관한 것은 모두…

언제나
아픔은
주어진 것이려니
견뎌야 할 것으로 여겼습니다.

그런데
당신을 만난 이후
비온 뒤
나타나는
푸른 하늘이
내게도 있음을
알게되었습니다.

하늘공원

당신 모습에서

아이와 함께
밥을 먹고
얘기하며
뒹굴던 모습이
아름다웠습니다.

아이와 함께
얼굴을 부비고
장난치며
웃던 모습이
평화였습니다.

자상하고
따뜻한 가슴이
제게 전해져와
같이 있음만으로도
행복했습니다.

서귀포자연휴양림

나의 사람

누가
물으면
따뜻한 사람이라 말했다가

언뜻
스치는 모습은
고독한 사람이라 했다가

아침에
깨지 못하는
모습에 지독히 게으른 사람이라 했다가

미친 듯
열중하는 모습에
예리한 사람이라 했다가

조용히 눈물 흘리며
기도하는 모습에
진실한 사람이라 했다가

어쩔 수 없는
나의 사람임을
알게 됩니다

안성 고삼지

THE BUTCHART GARDENS

詩

당신과
나의
언어를
섞어서
새로운
詩 하나
엮어 냅니다.

"사랑!"

곰소

실제 사랑

생각에는
사랑을 일류로 할 줄 알았습니다.

고아한 분위기로 coffee도 마실 줄 알고,
언제까지고 기다릴 줄 알며,
잠시 한 눈을 팔아도 여유있게 받아들이며,
언제나 좋은 친구가 되어주는

그런데
실제 사랑은
삼류였습니다.

이유없는 기다림이
죽어도 싫었고,
혹 다른 여자 칭찬을 조금만 해도
마음에 성이 나고,

내가 원하는 만큼 같이 있어주지 않으면
마음이 변했나 생각하고,
언제나 불안한 마음을 들키고 마는
그런 모습이었습니다.

변산

늘 그리운 까닭

늘 가까이
함께 하건만

늘 그리운
까닭은
하나님께서
당신을 아담으로 세우시고
갈비뼈를 취하시어
저를
이브로 지으셨기 때문입니다

그
그리움으로
당신을 돕는 배필로
만드셨기 때문입니다

우포늪

당신을 위해

당신을 위한
문을
언제나 열어 두었습니다.

언제여도
어디서든
들어오시기만 하면 되는
방도 준비해 두었습니다.

늘
눈과 귀를 크게 열고
당신이 오시는 모습에
기울이지만

어느새
마음이 먼저 알고
당신을 향해
뛰었습니다.

THE BUTCHART GARDENS

당신이 오심은

언제나
그랬습니다.

목소리가 떨려오고
가슴이 일렁이고
눈물이 앞을 가리고
입술엔 침이 마르고

그래서
큰 기침을 해보고
큰 숨을 쉬어보고
먼 곳을 쳐다보고
침을 삼켜보지만

언제나
당신은
그렇게 오셨습니다.

시화호

손 끝 하나가

어렸을 적엔
손을 잡고 가는
남녀를 보면
왜 저러나
싶었는데

이젠
당신의
손 끝 하나가
세상을 충만히 채운다는 것을
알게 되었습니다.

나비

사랑한다는 것은

유치하다고 생각했던
많은 사람들보다
오히려 더 유치한
구실과
색깔과
모양을
지니고도

한없이
용감하고
당당한
표현이었습니다.

당신을
사랑한다는 것은

금낭화

그리움

매일
매일 보고

보고
또
보았는데도

마음이
어느새
달려갑니다

제주도

당신을 만난 이후

당신을
만나기 전
세상은
춥고 쓸쓸하고
아팠습니다

별일
아닌데도
눈물 흘리며
서러워도 했습니다

그러나
이젠
세상에 외치고 싶답니다
당신을 만난 이후 세상은
따뜻하고
신이 난다고

이제 !

세상에 외치고 싶습니다

서울

끝이 없는 그리움

분명
얼굴을 보고
오는 길인데

지나던
show window에
비춰지기도 하고

coffee 한 잔에
동그란 얼굴로
문득 다가와

그리움이 됩니다

두물머리

너를 만나기 전

너를
만나기 전에는
사랑스러운 연인이 되기도
현숙한 아내가 되기도
따뜻한 엄마가 되기도
두려웠다.

하지만
너를
만난
이후엔
애교 넘치는 연인이
현명한 아내가
푸근한 엄마가
간절히
간절히
되고 싶어졌다.

금계국

이제

이제
나에게도

밝은 햇살 받으며
대문을 나설 때면
등 밀어 주며
열심히 살라 해줄 이가
있습니다.

비록
순간
어려운 일도 생길테지만
꾸욱
참을 수 있는 여유도 주었습니다.

그리고
돌아와
조였던 신발끈을 풀면

넓은 가슴으로
위로해 줄 이가
나에게도
있습니다.

무서운 사랑

너무나 사랑하여

같이 살기 위해

앙징스러운

개의

목젖을 떼어내고

울지 못하게 하는

무서운 사랑을

하게 될까봐

자꾸만

자꾸만

돌아보게 됩니다

당신을 향한 나의 모습을…

북한산

코트 주머니

엄청나게
추워
한 발도
뗄 수 없던 날

살며시
손을 잡아
당신의 깊은
코트 주머니에
넣어주셔서

심장까지 뜨거워져
온 몸에
따뜻한 피가 돌고
살고 싶은 욕망이
충만해졌습니다.

백담사

열병

몰랐습니다

가슴 깊이
잠재웠던
열정이
이토록
빨리
끓어오를 줄은

너무도
갑작스러워
내 가슴이
타버릴 것 같은
두려움도 있지만

다 타버려
재가 되더라도
오랜 기다림 끝에

터트려진
열정을
그대로
두고 싶습니다

오대산

왜 이리도 다른지

네가
하고픈 것과
내가
하고픈 것은
왜 이리도 다른지

끊임없이
인내하고
기다리려 하지만

가아끔
심통이 나서
기다리기를
그만 두고 싶다.

어떻게 하면
네가 나하고

아니, 내가 너하고
같아질 수 있을까?

에펠탑

당신의 얘기는

당신의 얘기는 나에겐 꿈입니다.
어렸을 적
시골집을 얘기하면

그 집 툇마루에
앉아보고,
부엌 가마솥에
군불 지펴 밥도 지어보고,
논두렁을 거닐며
노래도 불러보고,
참을 맛있게 준비해서
들녘에 이고 나가보고,
경운기를 타고 나가
배추랑 무우도 뽑아보고,
뽑아온 걸로
맛있게 저녁을 준비해서
숭늉 한 대접
가마솥 박박 긁어 먹고 난 후

밤 하늘 별을 헤며

우리의 미래를 얘기하고 싶습니다.

백담사

2부

그대에게 가는 까닭

마음의 지배자

처음엔
눈앞에
보여야만
마음이 가득차더니

다음엔
관련된
무엇이든 만나면
마음이 가득찼습니다.

그러더니
이제는
모든 일에서
당신으로 인해
마음이 가득차 있습니다.

LAKE MINNEWANKA

고독한 작업

당신을 향해
마음이 출렁이기
시작했을 때부터
나의
고독한 작업은
시작되었습니다

무엇을
기다리는 지도 모르는
끝없는 기다림

주인이
누구인지도 모르는
설계도를 그리는
허무함

들어주는 이도
느껴주는 이도 없는
음악을 녹음하는
공허함

하지만
당신을 향해
마음이 출렁일 땐
가능했습니다
이 모든
고독한 작업이

두물머리

혼자 하는 사랑은

나
혼자서
마음껏
할 수 있는 사랑이
가장 행복인 줄 알았습니다

주고 싶은 것 다 주고
하고 싶은 것 다 해 보고
느낄 수 있는 것 다 느껴보면서
진실이 여기에 있다고
생각했습니다

그러나 혼자서는
할 수 있는 만큼
마음껏 사랑하여도
사랑이 아님을
알게 되었습니다

소나무

왜 몰랐을까요

왜 몰랐을까요
그렇다는 것을

슬픈 일로
슬퍼하는 것이
나의 몫이면서
당신도 함께이고 싶은
욕심 때문에
또 하나의 슬픔이
된다는 것을
왜 몰랐을까요

온 몸이 아파
꼼짝 못하는 것이
나의 몫이면서
당신도 함께이고 싶은
욕심 때문에
또 하나의 아픔이
된다는 것을
왜 몰랐을까요

담쟁이

사랑이란

달콤하게

했던

약속

진지하게

꼬옥

지켜주는 것

선유도

사랑은

보다 더
잘생긴 사람 만나도
씀씀이는 작겠지 여기고

보다 더
능력 있는 사람 만나도
여유는 없겠지 여기고

보다 더
따뜻한 사람 만나도
이 때 뿐이겠지 여기고

그저
한 사람만
느끼고
익숙해지는 것

올림픽대교

내겐 없는 까닭

네가
자꾸만
담배를 피우는 건
답답한 마음 편안히
풀어놓을 공간이
내겐 없는 까닭이고

네가
자꾸만
술을 마시는 건
하고픈 이야기 마음껏
풀어놓을 공간이
내겐 없는 까닭이며

네가
자꾸만
잠 못 이루는 건
무거운 짐 자유로이
풀어놓을 공간이
내겐 없는 까닭입니다

잠자리

두려워

너를 만나면
보이지 않는 누가
귓속말로
(이 사람은 아니야)
할 것 같아
두려워

사랑하는
너를 만나면
보이지 않는 누가
톡톡 치며
(이 사람은 아니야)
할 것 같아
두려워

하지만
두려워하지 않을래
비록
하늘의 뜻이 아니래도
그 날까지는
너무도 사랑하는
너를 만나서
열심히 사랑할거야

보성

당신이 준 선물

너무도
기뻐서
친구에게
영화 한 편
얻어 보는
조건으로
선물을
공개 하였습니다

그리고는
또 다른
친구에게
달려가
늦은 밤이지만
자랑하고
돌아왔습니다

내가
너무했나?
좋은 걸 어떻게……

고마워요
고마워 죽겠어요

제주도

새로운 발견

또
하나의 삶을
너무도 열중해서
살고 있는 내가
놀랍다

몰랐다
이렇게 편안하고
신이 나는 것인지…

살도록 한다
꿈틀거리는 에너지가
깊숙한 곳에서
용솟음 쳐
힘을 내어 살도록 한다

또
하나의 삶을
받아들이고 싶다
있는 그대로
나의 것이게 하고 싶다

우포늪

한 사람

한 사람이 주는
따스함이
너무도 크다

너무나 커서
살고 싶다
살아서
그 따스함을 받아
멋진 작품 하나
세상에 낳고 싶다
그 작품 하나는
모든 이에게
그 따스함을 다시
줄 수 있으면 좋겠다

한 사람이
나를 이렇게
따뜻하게 덮혀올 줄은
정말 몰랐다

살고 싶다
마구 뭉클거리는 가슴으로
살고 싶어진다

용평 발왕산

사랑하는 이는

욕심 없는 마음이
편안했고,
늘 아껴 주는 마음이
따스했고,
아파해 주는 마음이
고마웠습니다.

그래서
편안하게 기대었습니다
있는 그대로 느끼고 싶었습니다
그 만큼 사랑하고 싶었습니다
영원히 사랑하고 싶었습니다

연꽃

너는

너는
늘
새벽 바람 같다
맑고
깨끗하고
시원하고
언제여도 좋으니까

소양강

고백

"보고 싶다"

따뜻하고
정답고
푸근하고
고마운 한마디!

나아두
보고 싶다
엄청나게 보고 싶다

올림픽공원

사랑 앞에선

벗었습니다
마구 벗었습니다
내 가진 껍질을
하나도 남김없이 벗었습니다

자유로웠습니다
그럴 수 있는 용기에
감탄해하며
자유를 만끽하였습니다

그리고는
또 남은 것을 찾아
다 벗어내려 합니다

백담사

잠든 당신을 보며

너무도 지쳐

잠든 당신을

바라보다가

가슴이 찡해져

입술을 느껴봅니다

아무 반응도 없지만

부드럽습니다

그러다가

턱에 놓인 수염을

뺨으로 쓸며

목을 힘껏 안아본 뒤

이불을 조용히 덮어주고

감사를 드립니다

내 곁에

당신이 함께 있다는 사실에

경포대

산다는 것은

내가
살 수 있는 것은
아플 때
그 아픔 만져주는
손길 있기에

내가
힘을 잃지 않는 것은
고독할 때
그 고독 안아주는
따스한 가슴 있기에

오늘도
내가 힘 있게
살 수 있는 것은
내 체온보다
더 뜨거운
사람이 있기 때문입니다

두물머리

마음이란

마음이
이렇게 얄팍한 것인지
정말 몰랐습니다

당신 웃음에
온 세상을 다 소유하기도 했다가

당신 슬픔에

온 세상을 다 잃어버리기도 했다가

마음이

이렇게 얄팍한 것인지

정말 몰랐습니다

제주

당신과 함께일 때

아무리
헤매고 다녀도
다리가 아프지 않고

끼니마다
라면만 먹어도
더 먹고 싶은 것이 없고

온 세상을 다 가진 양
부자가 되었습니다

제주

Vision

당신이
바로
나의
Vision이었습니다

당신이
바로
나의 삶을
가치있게 만드시기 때문입니다

내가
바로
당신의 아내 된 것은
내 생애
가장 귀한
자리였습니다

코스모스

사랑합니다

나는 당신이 지닌
조용한 미소를 사랑합니다
당신이 지어 보이는 조용한 미소는
세상의 시끄러움을 철저히 흡수해낸
미소이기에
나는 당신을 사랑할 수밖에 없습니다

나는 당신이 지닌
인자한 미소를 사랑합니다
당신이 지어보이는 인자한 미소는
세상의 아픔을 처절히 겪고 난 후의
미소이기에
나는 당신을 사랑할 수밖에 없습니다

나는 당신이 지닌
밝은 미소를 사랑합니다
당신이 지어보이는 그 밝은 미소는
세상의 어두움을 철저히 끌어안은
미소이기에
나는 당신을 사랑할 수밖에 없습니다

금계국

잊을까 하여

지리한 장마비가
추적추적 내리는
바닷가에 서서
성큼 다가서는 바다를 안아봅니다
혹시나 위로가 될까 하여
잠깐이여도 당신을 잊을까 하여
가슴에 담긴 말
조금이라도 실어보내려 합니다

파도가 가득가득 하늘을 메우고
나를 덮쳐오지만
어느새 바다 만큼이나
당신은 내 곁에 서 있습니다

제주

이런 사람과 결혼하라

까맣게 늦어진 밤에
지하철역에서 기다려 주는 사람과 결혼하라

추운 밤길을 걷다가 조용히 손을 잡아
코트주머니에 넣어주는 사람과 결혼하라

집에 초대해 특별한 음식을 해준다며
선뜻 앞치마를 걸치는 사람과 결혼하라

여행에서 비록 늦잠을 자도
맛있는 찌개 끓여놓고 기다리는 사람과 결혼하라

얼굴만 떠올려도 입가에 미소가 머물고
열심히 살고 싶어지는 사람과 결혼하라

비슷한 사람만 봐도 어느새 마음이 가득차고
가슴이 마구마구 뛰는 사람과 결혼하라

이별이라는 단어를 생각하면
가슴이 조여와 숨을 쉴 수 없는 사람과 결혼하라

우포늪

당신을 느끼고자

당신을
느끼고 싶어
찾아온 사람을
조용히 듣기만 하였습니다

그냥
coffee가 마시고 싶어 왔다고
딱 coffee 한 잔만 마시고 가겠노라고
말하던 목소리는
당신을 향한 그리움이
흠씬 묻어있었습니다

당신을 느끼고 싶어
찾아온 사람을
조용히 바라만 보았습니다

그냥
얘기가 하고 싶어 왔다고
괜찮으니까 걱정하지 말라고
말하던 목소리는
당신을 향한 외로움이
가득 고여 있었습니다

소양강

당신의 초대

뜻밖의 초대에
흥분된 마음을 감추지 못하고
몇 번이나 거울을 보았습니다
내가 어울릴 수 있기를 바라며…

기대하지 못한
음악회
식사
그리고 마음
오랜만에
마음을 편히 쉬었습니다

조용히
준비된 초대가
너무나 충만하여
온 세상이 저의 것이었습니다
영화 속의 주인공처럼…

나의 하루를

맑은 수채화로 그려주셔서

한없이 고마웠습니다

부산해운대

홀로 차를 마시다

홀로 차를 마시다
문득
당신 얼굴이 떠오릅니다
매일 밤 변함없이
옆자리를 지켜줄테지만
문득 그리움이 됩니다

홀로 차를 마시다
불쑥
당신 모습이 찾아옵니다
매 순간 끊임없이
옆자리를 지켜줄테지만
불쑥 그리움이 됩니다

홀로 차를 마시다
성큼
당신 모습이 다가섭니다

지금 이 순간도
우리를 위해 뛰고 있겠지만
성큼 그리움이 됩니다

보고 싶습니다

시화호

당신과 나

내가 지휘자면
당신은 반주자

당신이 지휘를 하면
내가 반주를 하고

같은 노래를
같은 마음으로

만들면서
즐기면서
느끼면서

많은 이들이
감동과
행복과
기쁨을
마음껏 느낄 수 있도록

작품 하나
만들어내는
명콤비!

어리수꽃

누구십니까?

잠자고 있던 열정을
불현듯
일깨우신
당신은 누구십니까?

더 이상
어느 누구를 향해
열정을 태운다는 것은
불가능했습니다

그런데
지금
당신이 그리워
잠들지 못하는 것을 보면

잠자고 있던 열정을
불현듯
일깨우신
당신은 누구십니까?

제주도

가을에는

가을에는
분위기 있는 당신의 초대가
기다려집니다
그리움 같은 첼로가
온 몸을 진하게 적셔줄
음악회!

가을에는
멋스러운 당신의 초대가
기다려집니다
정성스레 준비된 음식이
보기만해도 풍요로워질
레스토랑!

가을에는
따뜻한 당신의 초대가
기다려집니다

마음껏 성숙한 낙엽이
가득 가득 뿌려져 있는
거리!

가을에는
당신의 초대가
문득
문득
기다려집니다

한국민속촌

편지

당신에게 보내려고
편지를 씁니다

쓰면서
기꺼이 받으실까
두려움이 앞섭니다

아니,
더 두려운 건
당신께로 향한
내 느낌을
그대로 보낼 수 있을까 하는 것입니다

당신은
받으시겠지만
정말로

내 느낌을 받으실까
걱정이 앞섭니다

당신에게 보내려고
편지를 씁니다

LAKE MINNEWANKA

당신은

보고
보고
또 보고
보고
보아도

또 보고 싶은 사람

벤쿠버

전화

아침 햇살이 환해도

맑은 하늘만 봐도

거리가 온통 가을빛으로 물들어도

붉은 노을을 만나도

문득

생각난다며

전화해주셔서

하루 종일 힘이 났습니다

너무나 열심히 살았습니다

당신의

전화 한 통화가

나를

다 바꾸어 버렸습니다

올림픽공원

당신의 방문

당신의 방문은 늘
충격처럼
성큼 마음을 놀래켰습니다

조용히
아주 조용히 찾아오시는
당신의 방문은 늘
파도처럼 넘실대며
마음에 남았습니다

잊을만 할 때
불쑥 찾아오시는
당신의 방문은 늘
감추인 마음을 들킨 것처럼
그렇게
가슴을 두둘겨댔습니다

그런
당신의 방문을 늘
기다리고 있습니다

깊은 산속 옹달샘

그리움

나의 그리움은
하늘에만 있으면 해요
내 사는 공간에 그리움을 두고
그리워하지 못하는 것만큼
가슴 아픈 일이 없으니까요

한 번 보고
그리움을 채우려 하지만
늘 공허하게 돌아서야 하고
또 가슴 조이며
그리운 이를
마음으로만 외쳐 찾지요

난
왜
이리도
그리움을 씻지 못하고
살아야 하는지…

제주도

사십줄에 서서

마음을 잃어 간다는 것은
삶을 잃어 간다는 것과
같습니다.

마음을 놓아 버린다는 것은
삶을 놓아 버린다는 것을
의미합니다.

누군가를 미친 듯이 사랑하고
무언가를 열정적으로 해내면서
내 안에
꿈틀거리는 에너지가
퍼져 나가는 힘을 느끼는 것이
삶의 환희였습니다.

이제
사십줄에 서서
미친 듯이 누군가를 사랑하고
열정적으로 무언가를 해내기 전
자꾸 망설이게 되는 것은
마음을 잃어 가는 것은 아닐까 하여

이 아침
마음이 무겁습니다.

우포늪

가을비

가을비는
당신 같습니다

아무 소리도 없이
아무 예고도 없이
온 세상을 덮고 있으니까요

마지막 생을 다하고 있는
낙엽도,
찬란한 빛을 발하던
하늘도,
머리카락을 살짝 스치던
바람도,

가을비를 위한
준비였음을……

아무 소리도 없이
아무 예고도 없이

그래서
가을비는
당신을 너무도 닮았습니다

제주도

중독

모든
생각이…
행동이…

당신을
떠올리며
살아야 한다는 사실이
가슴은 행복하지만
머리는 고통스럽습니다

마음가는 대로
움직이기에는

이제는
감당해야 할 일들이
너무 많기 때문입니다

하지만

당신께로

자꾸만 달려가는 마음을

붙잡을 수가 없습니다

제주영실

그대에게 가는 까닭

내가
그대에게 가는 까닭은
살아 있는 힘을 느끼기 때문입니다
내가 가지지 못한 열정을
가슴 가득 채우고 계시니까요

내가
그대에게 가는 까닭은
꿈틀거리는 희망을 보기 때문입니다
자칫 사그러들 수 있는
밋밋한 삶을
활짝 열어주는 기쁨이 있으니까요

자꾸만
내가
그대에게 가는 까닭은
가끔은 땅으로 꺼져 버릴 것 같은 아픔을
알고 있기 때문입니다
오만할 수 있는 삶을
겸손히 받아들이도록 하니까요

그래서
자꾸만 그대에게로
가게 됩니다

올림픽공원

기대

함께 할 수 있다는
생각만으로도
어려운 모든 것이 참아지고

함께 할 수 있다는
이유만으로도
힘든 상황들이 견뎌내지고

함께 할 수 있는
사람이 있다는
한 가지 만으로도
이 세상 다 가진
부자가 됩니다

아침고요수목원

꿈 속에서

꿈 속에서
당신을 보았습니다

꿈 속에서만은
당신을 열심히
사랑해도 좋으련만

여전히
마음을 숨기려고
태연한 척 하는
저를 보고 있습니다

잠에서
깨어나니
당신이
더 보고 싶어졌습니다

다음에 꿈 속에 찾아오실 때에는

마음을 활짝

열어 보아도 될는지

……

제주

나의 심장은

나의
심장은
나의 것이 아닌 듯 싶습니다

애써
당신을 모르는 척 해보지만

비슷한 색깔의
옷이 보이기만 해도

비슷한 느낌의
목소리가 들리기만 해도

벌써
당신을 향해
심장은
뛰어가고 있으니까요

내가

아무리 말리려 해도

마음대로 할 수 없답니다

나의 심장은 아마도

나의 것이 아닌 듯 싶습니다

연꽃

나의 하루

당신의
움직임에
내 모든 신경이
따라갑니다

무슨 생각을 하는지
무슨 고민을 하는지

무얼 좋아하는지
무얼 하고 싶은지

왜 웃고 있는지
왜 우울한 표정인지
......

당신의
움직임 하나 하나에
나의 하루가
따라갑니다

내 생각을

조금은 하시는지요?

파리나폴레옹궁

3부

지금, 사랑하고 있습니다

난, 왜?

난, 왜
당신의 행동에는
한 없이 너그러운지

난, 왜
당신의 사소함에
깊이 찾아드는지

난, 왜
당신의 움직임에
세세히 따라가는지

난, 왜
당신의 아픔에
더 많이 아파하는지

도저히
알 수 없습니다

올림픽공원

낯선 거리에서

불 꺼진 상가 사이로
coffee shop만이
따뜻한 불빛을 뿜어내고 있습니다

길 건너로 보이는
coffee shop 안에
혹시 당신이 있을까 하여
기웃거려 봅니다

가로등만
깜박거리는 거리에
실오라기 같은
음악소리가 흘러 나오면
가까이 가까이
다가가
귀기울여 봅니다

혹시 당신이 보일까 기대하며
서성거려 봅니다

숲속의섬

누구십니까?

당신은
정말 누구십니까?

나를 온통 덮고 있는
당신이
정말 누구인지
너무나 궁금합니다

나의 생각을
나의 의지를
나의 의식을
모두 가져가 버린
당신으로 인하여

나의 삶이
너무 많이 흔들리고 있습니다
당신께로만
향하는 나를
제어할 힘이
제게는 없습니다

늘 그리운 사람

당신이
너무 보고 싶습니다

먼 길 떠나와
새로운 것을
만날 때마다

문득 그리움이 되어
마음이 허전합니다

함께 느끼며
추억이 되고 싶지만

내 눈에만
넣고 가기에는
너무 아쉬워

자꾸만 당신을
그리워하게 됩니다

제주산굼부리

다시 시작하는 사랑

그 분을
마음 속에
꽁꽁
숨겨두었는데

이제
바깥으로 꺼내어
열심히
사랑하려 합니다

그 분은
생각만 해도
가슴이 차오르고,
부르기만 해도
눈시울이 뜨거워지고,
눈만 감아도
마음이 따뜻해집니다

그 분을 더 열심히
사랑하겠습니다

그 분이
저를 그렇게 하시니까요

운길산

당신 앞에서

당신 앞에서
왜 이리도
여자이고 싶은지 모르겠습니다

한기를 느낀다고
움츠리면
옷 벗어 걸쳐주고

차갑다고
손을 부비면
따뜻한 손으로 잡아주고

먼저
길 나서면
어깨에 손 얹어
다정하게
보내주시는 모습에
저는
또 여자가 됩니다

소국

당신과 함께 하는 시간

당신과 함께 하는 시간은
너무나 짧게 느껴집니다

거리에서
식당에서
찻집에서
그리고
......

당신과 함께 하는 시간은
멈춰주었으면 참 좋겠습니다

올림픽공원

당신도 나처럼

당신도 나처럼
옷을 입으면서
어떻게 하면
멋지게 보일까
고민을 하시나요?

당신도 나처럼
여행길 나서면서
햇살 한 줌
함께 마시고 싶다는
생각을 하시나요?

당신도 나처럼
음악을 들으면서
가슴 깊이 파고드는 소절을
그대로 담아
선물하고 싶다는
느낌을 가지시나요?

당신도
나처럼 말이예요

제주도

당신은

당신은
앞에서 보아도
옆에서 보아도
뒤에서 보아도
참 아름답습니다
당신의
선한 가슴 때문이겠지요

당신은 밥을 먹어도
노래를 불러도
술에 취해도
참 아름답습니다
당신의
따뜻한 가슴 때문이겠지요

당신은
이 세상에서
가장 아름다운
사람입니다

우포늪

당신이 있어

당신은
나를
춤추게 합니다
저절로
마음을 일렁이게 하는 춤을

당신은
나를 노래하게 합니다
악보가 없어도
외쳐지게 하는 노래를

당신은
나를
뜨겁게 합니다
노력하지 않아도
가슴이 충만해지도록

당신이 있어
너무 행복합니다

하늘공원억새풀

당신은 참 멋있답니다

당신은
참 멋있답니다

일에 쏟아 붓는
열정과
인간을 대하는
따뜻함과
즐길 줄 아는
여유로움이
온 몸에서
넘쳐나니까요

제 마음 속에
담겨져 있는 당신은
참으로 멋있답니다

우포늪

좋아하기에

당신을
좋아하기에

당신의 주변에 있는
모든 것이
좋아집니다

자리도
물건도
사람도……

당신과 관련된
그 어떤 것도
다 좋아할 수 있을 것 같습니다

당신을
좋아하기에

한강

당신을 찾고 있습니다

마음이
거리를 헤매고 있습니다
당신의 흔적을 느끼려
너무 분주하게
움직이고 있습니다

의식이 깨어나고
잠자리에 누울 때까지
가는 곳 어디에서나
당신을 확인하고 싶어
너무 바쁘게
두리번거리고 있습니다

몇 번이나
머리를 흔들며
아니라고 마음을 달래보지만
꿈 속에서도

당신을 찾고 있는
나를 보면서

당신이
너무 깊이 들어와 있음에
가슴이 아파옵니다

당신은
어디에도 없는데 말입니다

서귀포 자연휴양림

당신의 방문

갑작스러운
당신의 방문에
제 삶이
너무 많이 흔들리고 있습니다

잠에서 깨어나서
다시 자리에 누울 때까지
한 순간도
당신을 지울 수가 없으니까요

몇 번이나
머리를 저어보지만
그럴수록 당신은
너무나 크게 다가와 있답니다

두모악갤러리

당신의 손길

언제부터인가
당신의 손길을
가슴 떨리게
기다리고 있습니다

가슴을 쓸어주는
부드러운 손길은
온 몸을 뜨겁게 하는
힘이 담겨 있습니다

얼굴을 감싸는
따스한 손길은
평화를 느끼게 하는
속삭임이 됩니다

가우라꽃

무엇을 해도

새벽을 알리는
알람 소리에 눈을 뜨면서

상큼한 공기를 맞으며
문을 열고 나설 때도

높고 푸른 하늘이
세상을 감싸고 있어도

따뜻한 차 한 잔
앞에 있어도

혹여
아스팔트를 구르는
낙엽이 스산해도

당신이 이 세상에 함께 있다는 사실에
감사를 드리게 됩니다

설악산

바로 당신입니다

아침에 눈을 떠
제일 먼저
의식을 깨우는 이가
있습니다

하루종일
나의 움직임
하나 하나를
의식하게 하는 이가
있습니다

별 것 아닌 몸짓에도,
의미 없는 눈빛에도,
그냥 던진 말 한마디에도
기쁨과 슬픔이
마구 드나들게 하는 이

잠자리에 누워
의식이 사라질 때까지
머리속을 가득 채우고 있는 이가
있습니다

바로 당신입니다

우포늪

부부나무(연리지)

한 뿌리에서 나서
두 그루의 나무로 자라
다른 색깔의 잎들을
피워낸다 하기도 하고

두 그루의 나무가
서로 다르게 자라나
몸을 기대어
한 나무가 되었다 하기도 하고

서로를 끌어안고
수 많은 세월을 살았는데

무엇이 시작인들
무에 그리 중요할까

지나는 이들에게
희망과 위로가 되어주니
충분히 행복하고
아름답지 아니한가

제주 영실

사람으로 향하여

사람으로 향하여
뿜어내는
이름 모를 에너지가
내 전체를
들었다 놓았다 합니다

사람으로 향하여
고개를 돌리고 있는
알 수 없는 에너지가
나의 하루를
즐겁게도 슬프게도 합니다

그 에너지가
사랑이라면
하나님께서
거두어 가셨으면 좋겠습니다

채워지지 않는
욕심 때문에
제가 너무 힘이 들어
하루를 겨우겨우
살아가는 느낌입니다

토란잎

사람을 좋아한다는 것은

사람을 좋아한다는 것은

세상을 아름답게
삶을 풍요롭게 하는
마술에 걸리는 것

노력하지 않아도
금방
마음이 차오르고
어느 새
기쁨이 가득해지고
세상에서
가장 행복한 사람이 되고

사람을 좋아한다는 것은

시련도 아랑곳 하지 않고
아픔도 말끔히 치유되게 하는
마술 같은 힘을 갖는 것

임실국사봉

사랑

사랑한다는 것은
세상을 향해
조금은 더 뻔뻔해지는 것입니다
의식도 못한 채……

사랑한다는 것은
누군가를 향해
한 없이 작아지는 것입니다
생각할수록……

그래서
사랑한다는 것은
시작되는 순간부터
엄청난 에너지를 쓰게 되는 것입니다

곰소

살면서

여행할 때 가졌던
마음만큼만
여유를 가지고
사람들을 만날 수 있다면
매일 매일의 삶이
행복할 수 있을텐데……

여행할 때처럼
누구에게나 친절하고
따뜻할 수 있다면
누구로 인하여든
아파하지 않아도 될텐데…

산다는 건
그리 어려운 일이
아닐텐데도
왜 그리도
악을 쓰고 살고 있는지
……

삼청각

새로운 사랑

10년이 되어서야
당신이 얼마나
소중한 존재인지
깨닫습니다

미소에,
움직임에,
배려에……

점점 당신에게서
감동이 멀어져가는 줄 알았는데
그런 것이
함께 사는 일이려니 했는데

지금!
당신을
너무도 사랑하고 싶습니다

사랑합니다

노랑코스모스

선물

아침 일찍

누런 봉투에 따끈한 시집 한 권 담아

수줍게 놓고 가는 마음에

꺼내지 않아도

벌써 부자가 되었습니다

기대로 가득찬 손으로

꺼내든 책 속엔

세상을 담은

싱그런 흑백사진과

삶을 그린 싱싱한 고백이

가득 들어 있었습니다

얼마나 기쁘던지…

환자 보고 잠깐 뛰어와

한 편 읽어 보고 감동하고

물 한 모금 마시러 들어와

힐끔 보고 흐뭇해하고…

하루 종일

사는 힘이 되어주었습니다

목련

소나기

당신은
먼 여행길 만난
소나기였습니다

아무 준비도
하지 못한 채

피할 수 있는
처마도 없고

너무 갑작스럽게
쏟아져내려

내 온 몸을
구석구석까지
적셔버렸습니다

해가 나왔지만

땅이 마르려면

많은 시간이 걸려야 할 것 같습니다

제주 영실

알고 싶습니다

왜
당신은
보고 왔는데도
또 보고 싶은가요?

왜
당신은
전화벨이 울릴 때마다
혹시나
하는 설레임을 갖게 되나요?

왜
당신은
내가 가는 곳
어디에나 있을거라
기대하게 되는 건가요?

어떻게

당신이

나의 삶 속에

이렇게 깊이 스며들어 올 수 있는 것인지

알고 싶습니다

몽산포

어쩌면 당신은

떨리는 마음으로
전화했는데
반갑게 받아주셔서
고마웠습니다

혹시나 하는 마음으로
만나자 했는데
기꺼이 응해주셔서
눈물이 날 뻔했습니다

그리고나서 보는 세상은
하나도 슬프지 않았습니다

지나는 이가
다 반갑고,
하늘이
더 맑아 보이고,

바닥에 구르는
쓸쓸한 낙엽조차
사랑스러워 보였습니다

북한산

어찌해야 하나요?

당신이
너무
밉습니다

아니,
미워하려 노력하고 있습니다

가슴으로
만나고 싶은 욕심 때문에
언제나
환영받고 싶은 욕망 때문에

당신의 자그마한 행동이
제게
너무나 크게 다가와 있습니다

때문에
내 의견과 다른 당신을
미워하고 있습니다

그런데
미워할수록
당신이 더 그립습니다

한국민속촌

에너지

내
에너지의 근원을
가만히 생각합니다

저절로
움직이게 하는 힘!
시간을
느끼지 않게 하는 여유!
모든 것을
포용해 낼 수 있는 넓이!

이 모든 것이
당신께로 향한
그리운 열정 때문이라는 것을
이제야
알게 되었습니다

임실국사봉

나의 에너지

당신은
나의 에너지입니다

나를 향하여
보내시는 마음이

가슴 속에
충전되어

매 순간을
불끈 불끈
힘이 되어
살고 싶게 합니다

남겨놓은
자국들이
문득 다가와
기쁨이 됩니다

너무 행복합니다

제주

여행

당신이 가셨던 곳에 서서
생각에 잠겨 봅니다

무엇을 했을까?
어떤 느낌이었을까?
어느 새 당신 생각에
가슴에 기쁨이 가득 차오릅니다

당신이 지나가셨던 곳을 지나면서
두리번거려 봅니다

무엇을 보았을까?
무엇을 느꼈을까?
어느 새 당신 생각에
얼굴 가득 미소가 떠오릅니다

제주 섭지코지

왜?

왜?
그 사람에게 만은
이뻐 보이고 싶은 건지

왜?
그 사람에게 만은
중요한 일을 앞두고
전화를 받고 싶은 건지

왜?
그 사람에게 만은
언제여도
따뜻한 미소를 기대하는지

왜?
그 사람에게 만은
알량한 메시지 보내놓고
가슴 떨려하며
'또로롱' 답을 기다리게 되는지

나도
알 수 없습니다

해바라기

이유는

당신이
보고 싶을 때마다
끄적였던 글을
읽고 있습니다
이유는
그 안에 숨어 있는 당신을
한 번 더
느끼고 싶기 때문입니다

당신이
그리울 때마다
줄줄줄 써놓았던 글을
보고 있습니다
이유는
그 안에 그려져 있는 당신을
한 번 더
만날 수 있기 때문입니다

당신은

지우려 할수록

더 간절한 그리움이 됩니다

이유는

잘 모르겠습니다

민들레홀씨

저를 좋아하신다구요?

저를 좋아하신다구요?
제가 더 좋아한답니다

저를 보시며
웃음을 참지 못하시는
따뜻한 미소가
저를 기대하게 한답니다

흐뭇한 마음으로
제 손을 잡고
한참 계시던 모습에
제가 더 따뜻하여
그냥 그대로 있고 싶었습니다

저를 좋아하신다구요?
제가 더 당신을 좋아한답니다

부분일식

전 잘 모르겠습니다

잠들기 전
창밖으로 종종히 박혀 있는
불빛을 보며
그 안에 당신이 켜놓은
불빛 하나를 찾는 이유를
전 잘 모르겠습니다

아침에 눈을 떠
검은 먹구름 사이로
살짝 쏟아지는
햇살을 보며
그 안에 당신을 비출
햇살 하나를 찾는 이유를
전 잘 모르겠습니다

온통
당신 생각입니다

안성 고삼지

정말 고마워요, 날 사랑해줘서…

생각 할수록
생각 할수록
정말 고맙습니다

누구나 이쁘다 하는
빼어난 미모를 가진 것도 아니고,

누구나 부러워하는
멋진 몸매를 가진 것도 아니고,

누구나 고마워하는
착한 마음씨를 지닌 것도
아닌데

콩깍지에 씌여
그저
사랑의 눈으로 바라봐 주고
따뜻한 가슴으로 품어주어
정말 고맙습니다

생각 할수록

생각 할수록

정말 고맙습니다, 사랑해줘서…

양귀비

지금, 사랑하고 있습니다

지금
내가 사랑하고 있나요?
이름 모를 그리움과
가슴 떨림으로
세상을 마주할 수만 있다면
지금 나는
사랑에 빠져 있는 것입니다

혼자서
먼 여행을 떠나와도
가슴 가득
그대를 안고 왔기에
비 내리는 거리도,
눈보라 흩어지는 산자락에도,
얼굴을 찢고 가는 차가운 바람도
다 받아낼 수 있습니다

그대는
평범한 세상을
가장 아름다운 풍경으로
바꾸어놓는
신비한 힘을 지니셨습니다

옥정호 붕어섬

초대하지 않은 방문

난
당신을
초대하지 않았습니다
한 번도……

그런데
당신은
불쑥 제게 찾아와
떠나지 않으시는군요

이제는
제게서
떠나시라 해야 하는데

마음은
이미
당신을 원하고 있다는 것을
숨길 수가 없습니다

초대하지 않았던 방문이
나의 모든 삶을 전부
지배할 수 있다는 것을
당신으로 인해
알게 되었습니다

임실국사봉

추억은

당신과의 추억은
오늘 이 순간을 사는
양식이 됩니다

함께 갔던 곳
함께 먹었던 음식
함께 듣던 음악
......

당신과의 추억은
지금 이 순간을 견디는
에너지가 됩니다

함께 나누었던 이야기
함께 불렀던 노래
함께 느꼈던 체온
......

당신과의 추억은

나를 살게 하는

힘이 됩니다

변산 솔섬

편지(e-mail)

축하한다
알량한 글 하나 보내놓고

받아 보았을까?
열어 보고
어떤 느낌이었을까?
열어 보고
마음만큼 전해졌을까?
열어 보고
답장을 했을까?
열어보고

우와!
드디어
반가운 답장이 와 있으면
마우스를 잡은 손이 떨리고
화면에 집중하는 눈이 빛나고
어떠해도 기뻐할 가슴이
마구 차오른다

LAKE TWO JACK

혼자 하는 사랑

화가 나도
참으려하고

말이 안 돼도
이해하려 하고

표정이 없어도
이유가 있으려니 하고

거칠게 반응해도
진심이 아니려니 하고

늘
마음을 다 열고
받아줄 준비를 하고 있었습니다

갈대

여행

당신이
가보라 한 곳에
수도 없이 마음을 보냅니다

밤에 보는 그 곳은
까만 하늘을
다 품어내고도
지나는 이를 다 안아낼 것처럼
믿음직한 모습입니다

낮에 보는 그 곳은
일렁이는 바다를
다 끌어안고도
떠 있는 배를 다 품어낼 것처럼
믿음직한 모습입니다

어느 한 순간도
놓칠 수 없어

마음에 다 담아가려고
카메라 셔터를
수 없이 눌러봅니다

당신이 가보라 한 곳이기에…

변산 솔섬